MW01070054

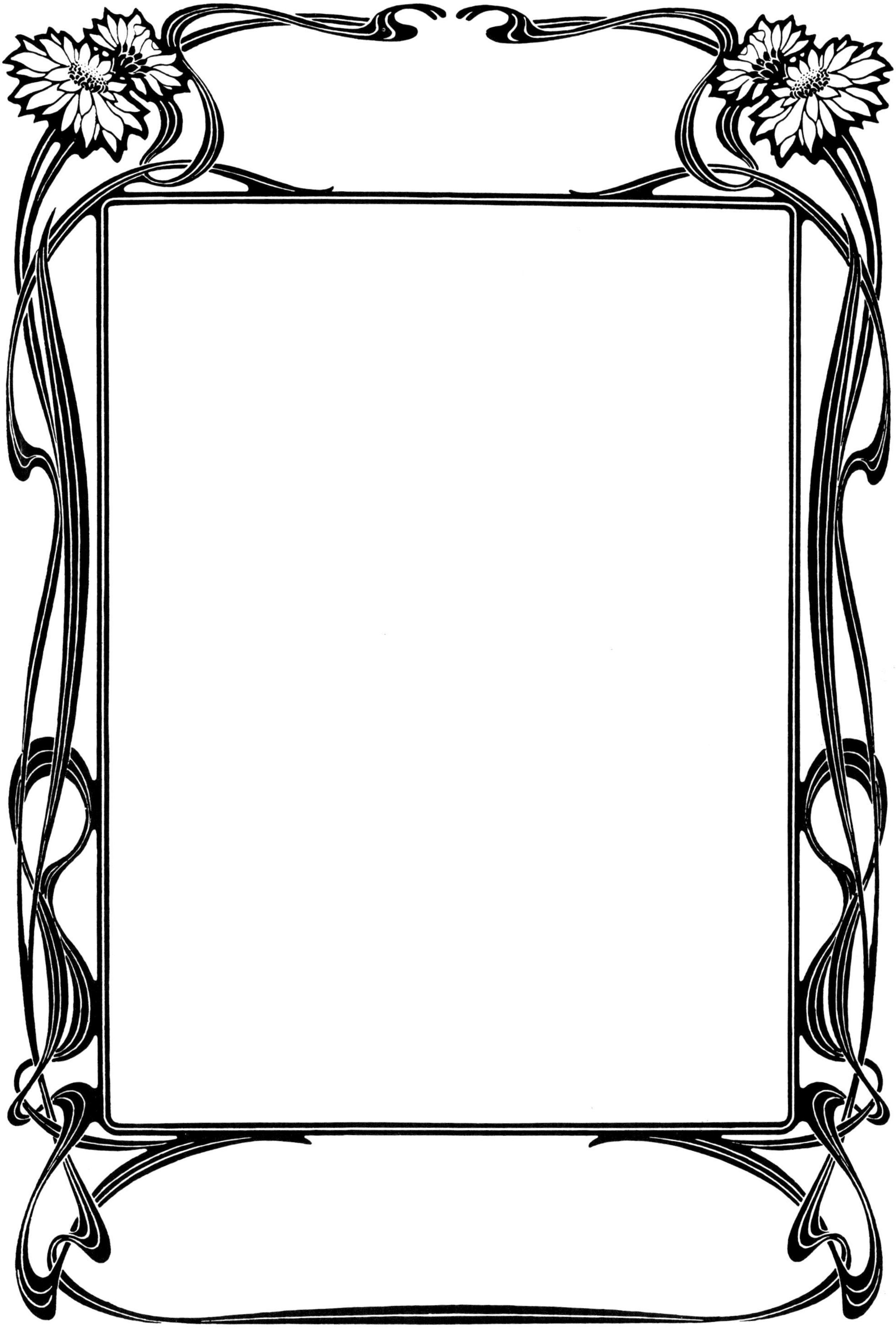

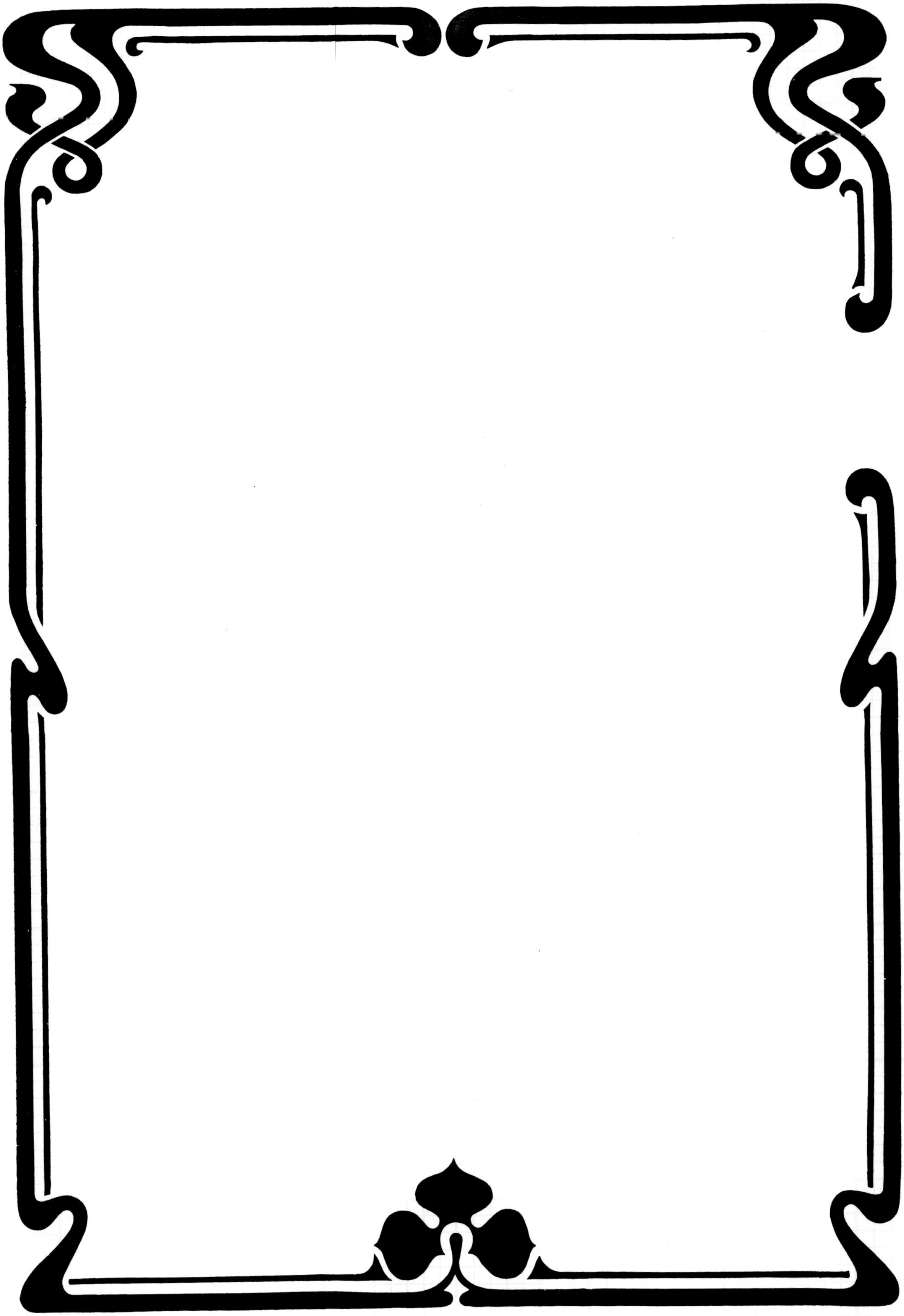

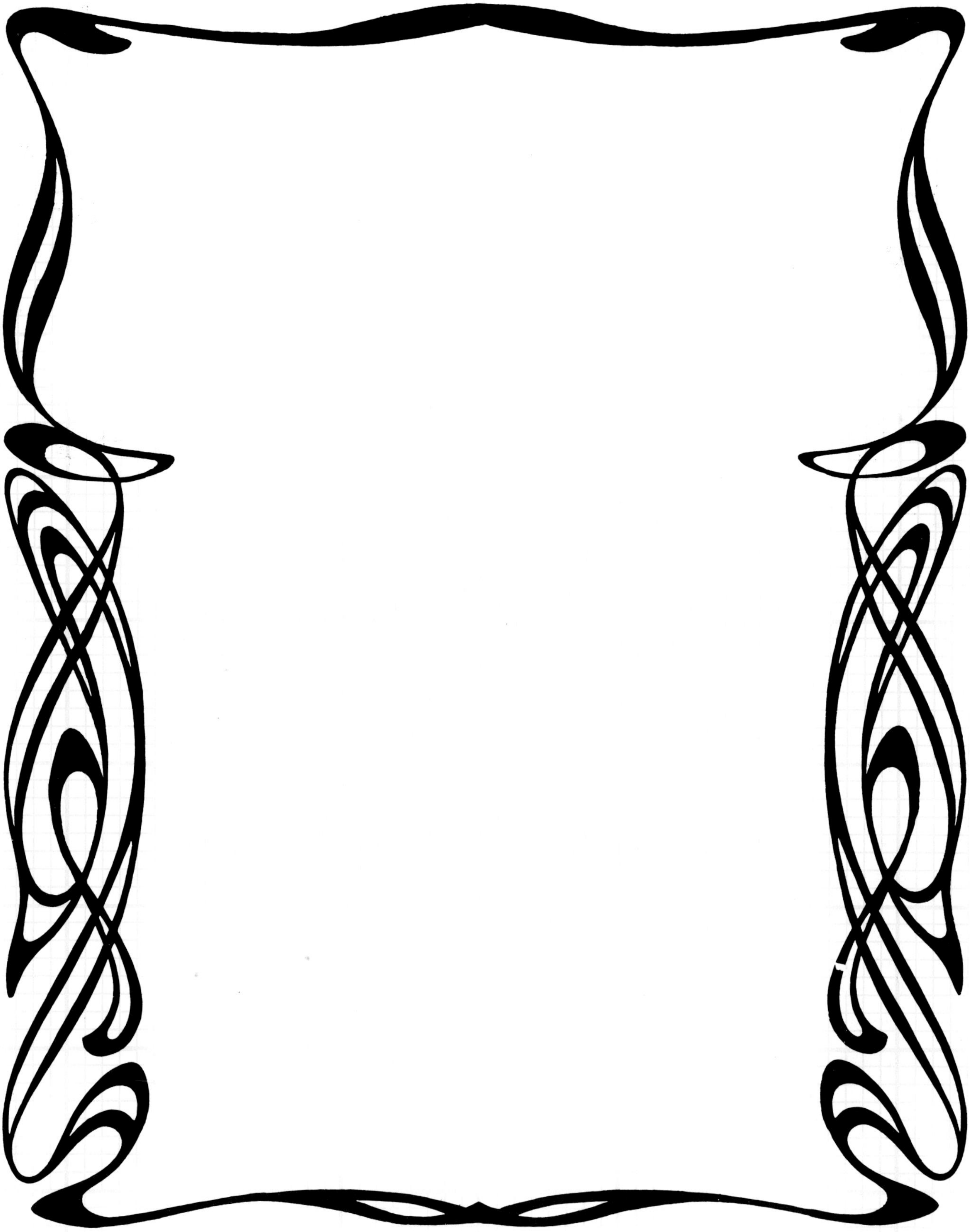

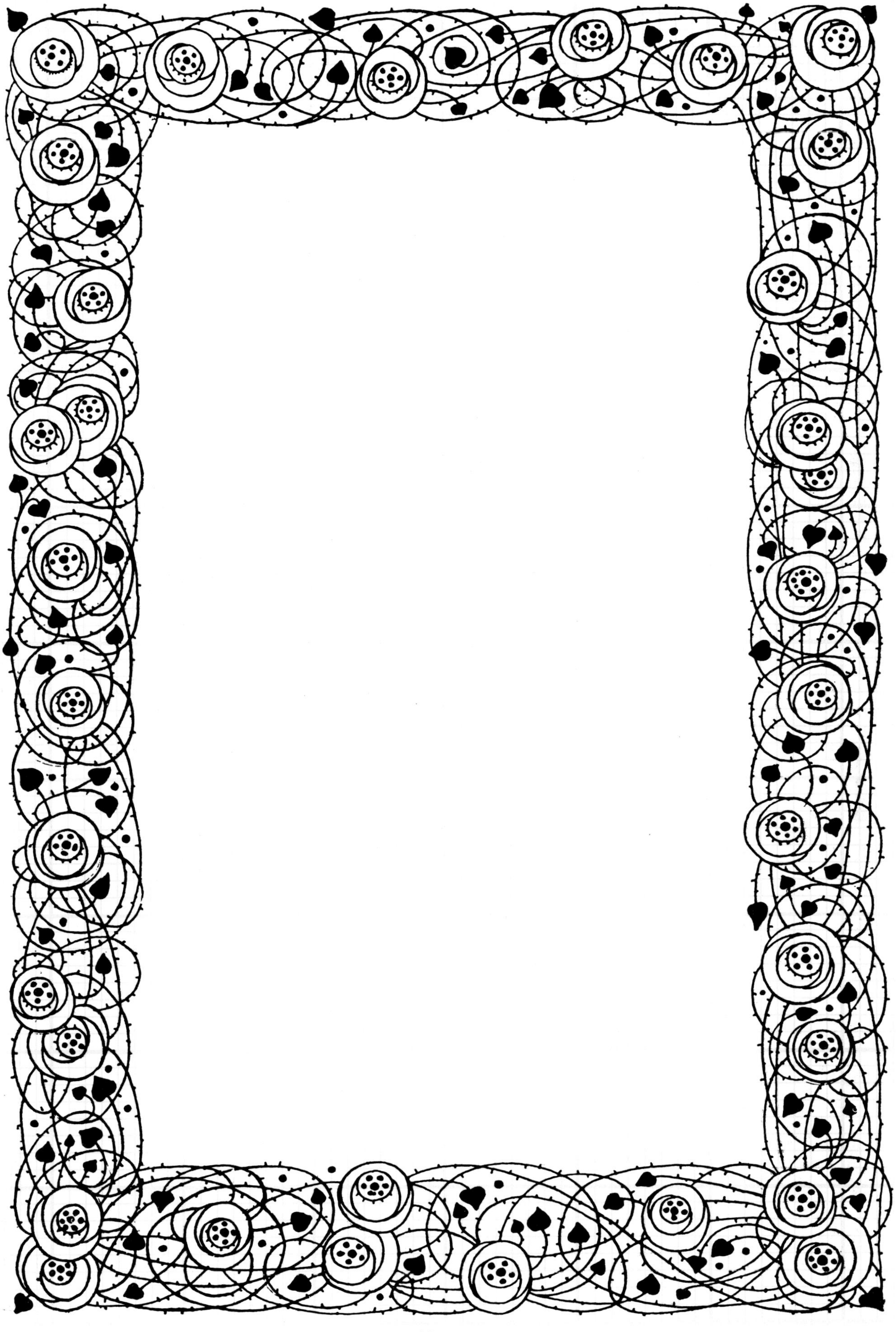

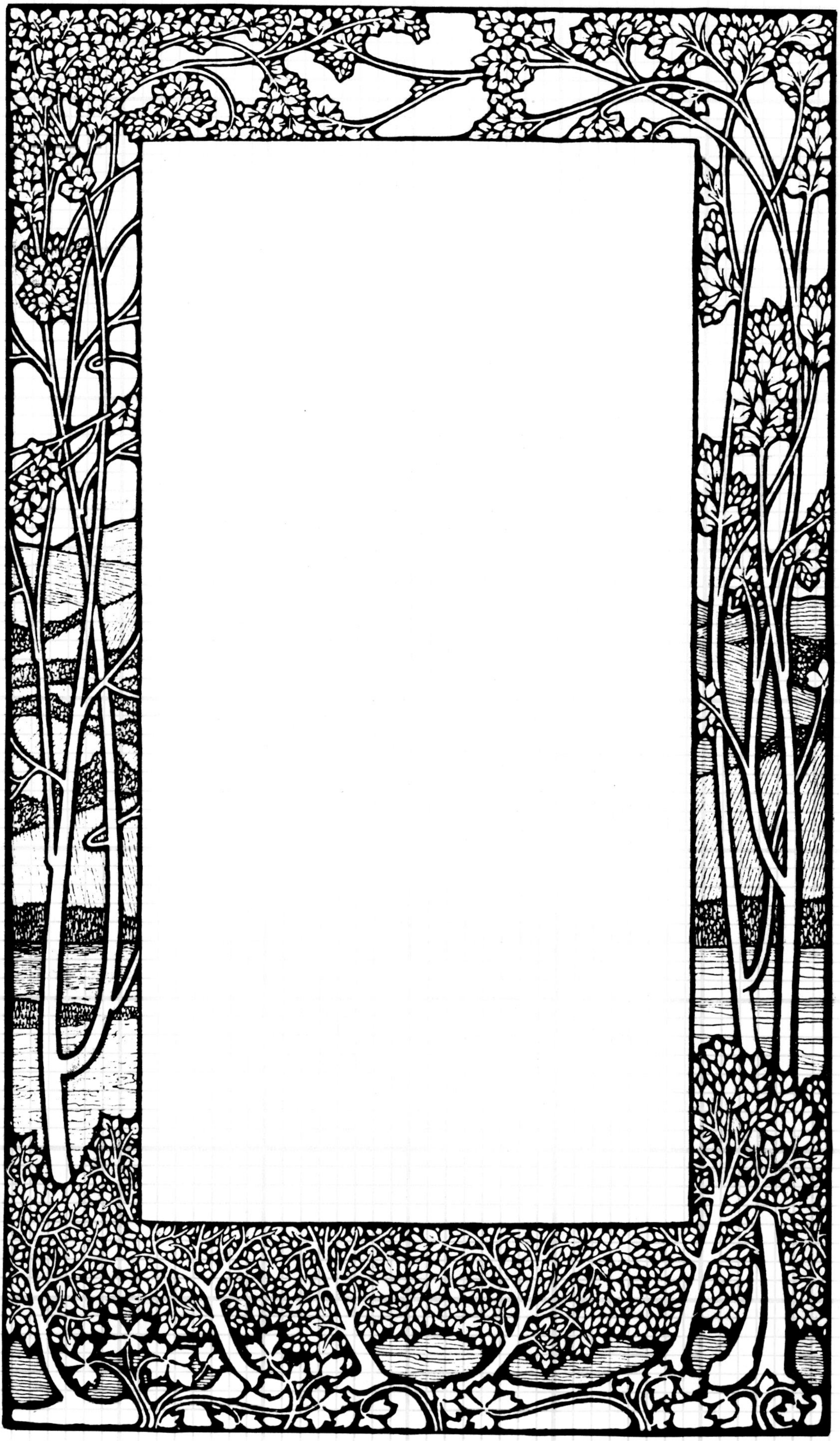

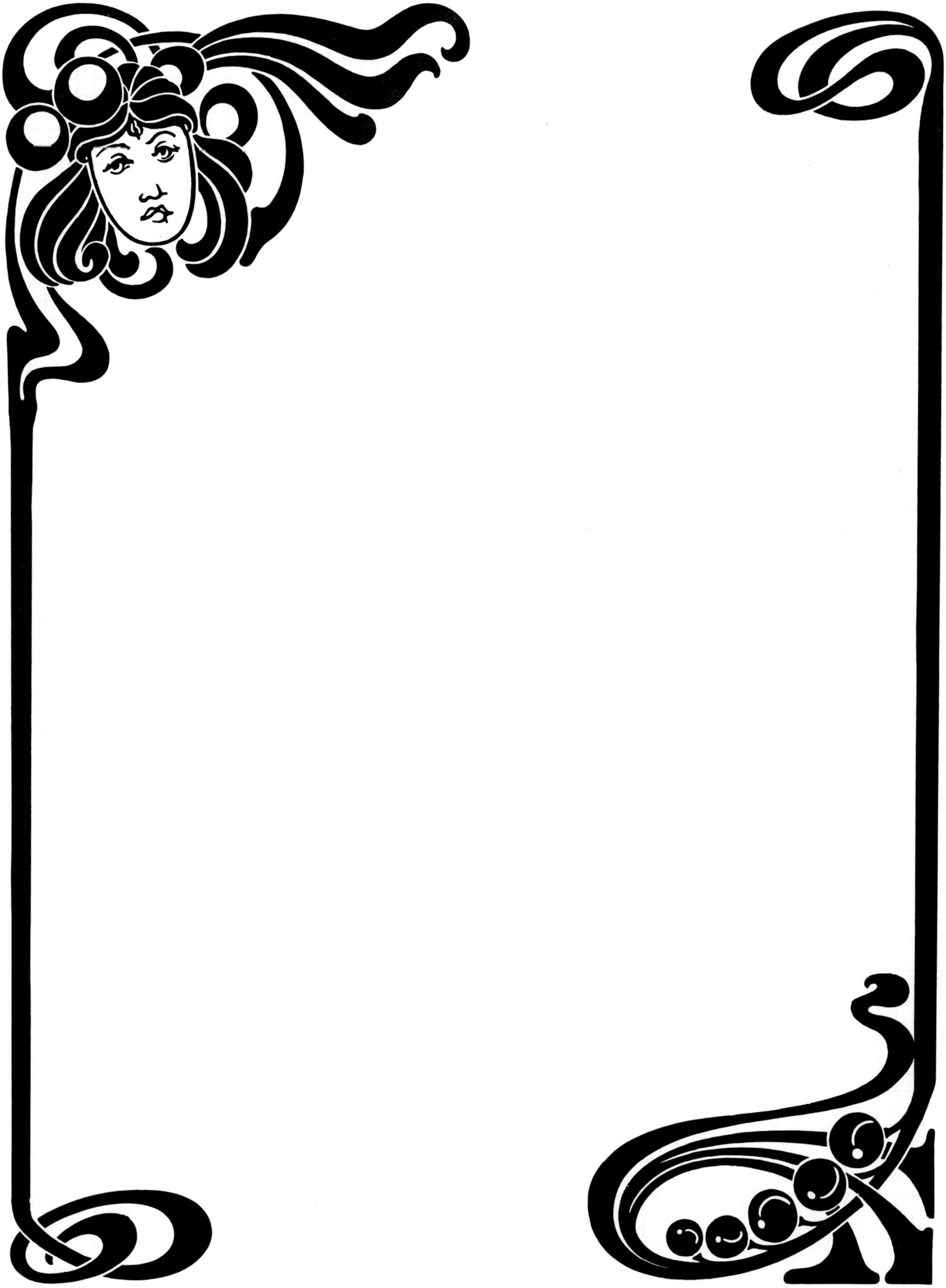

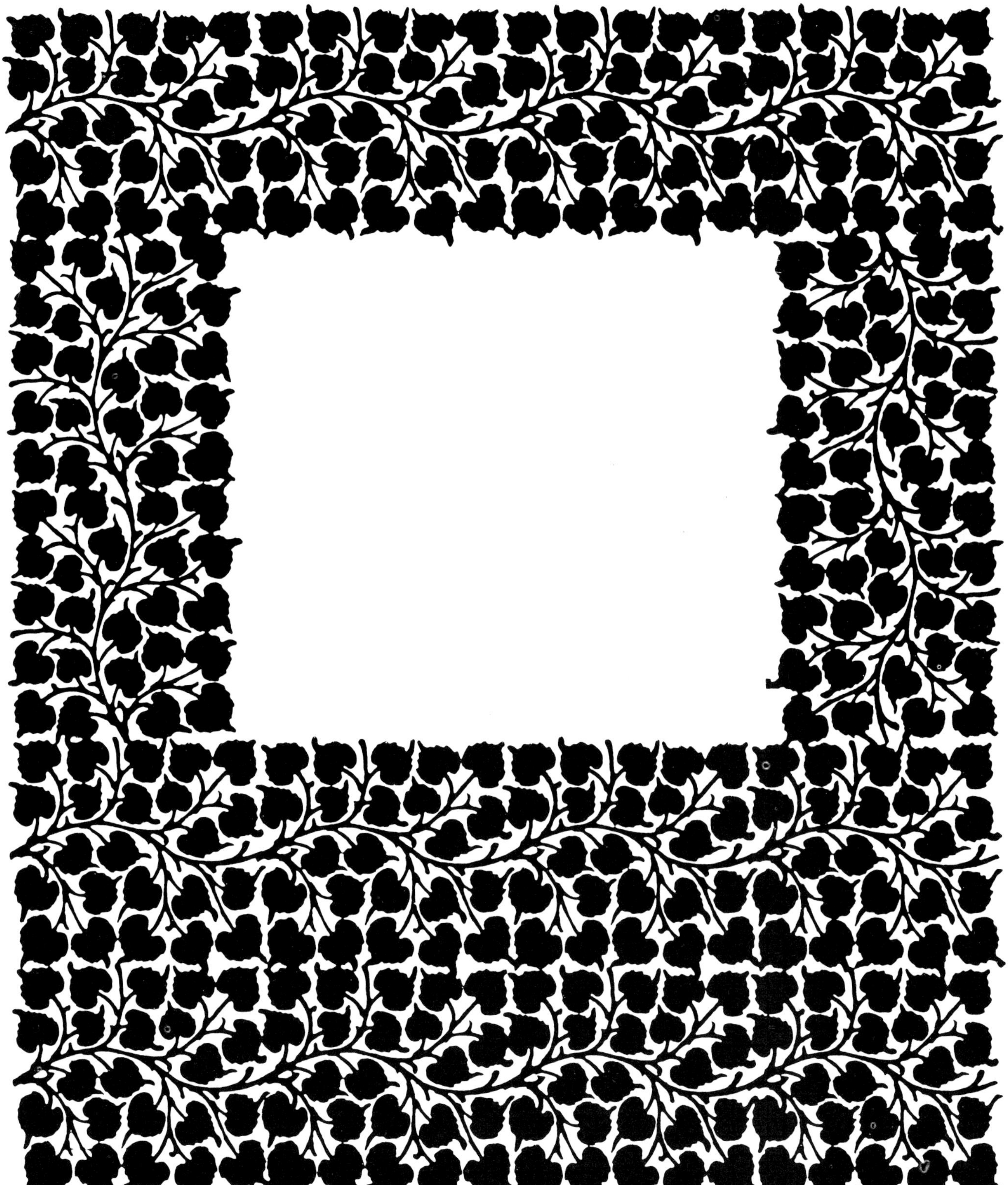

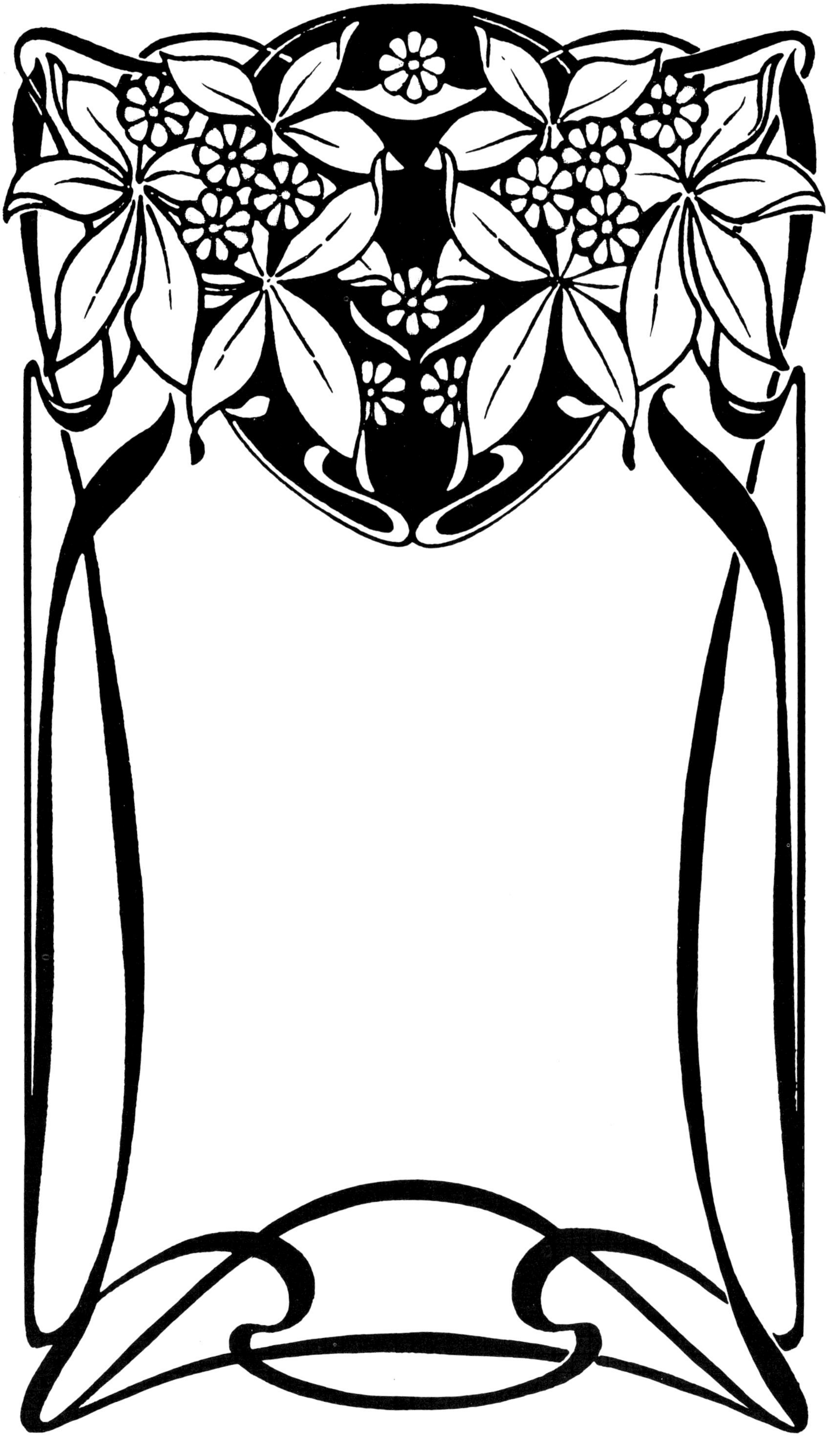

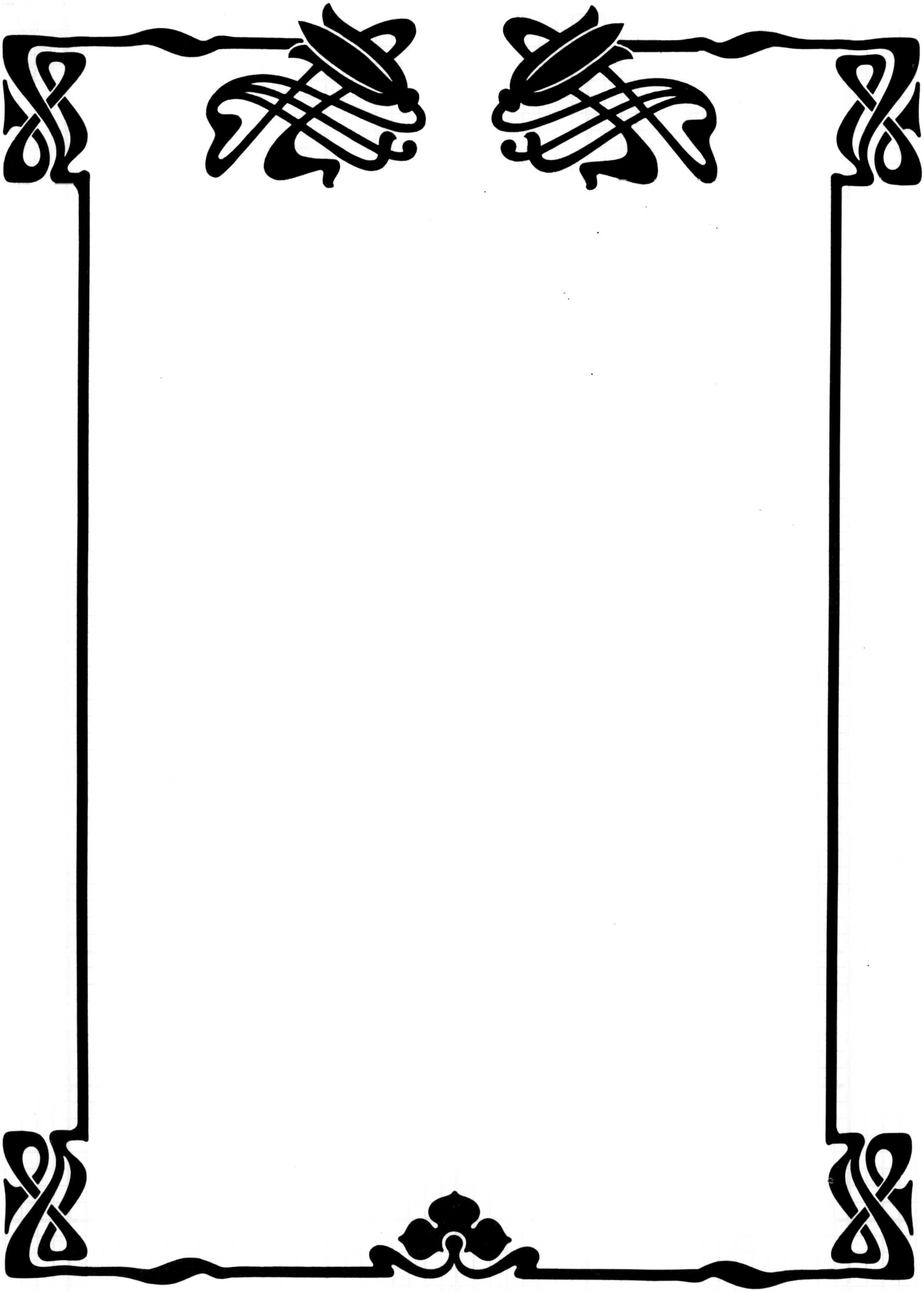

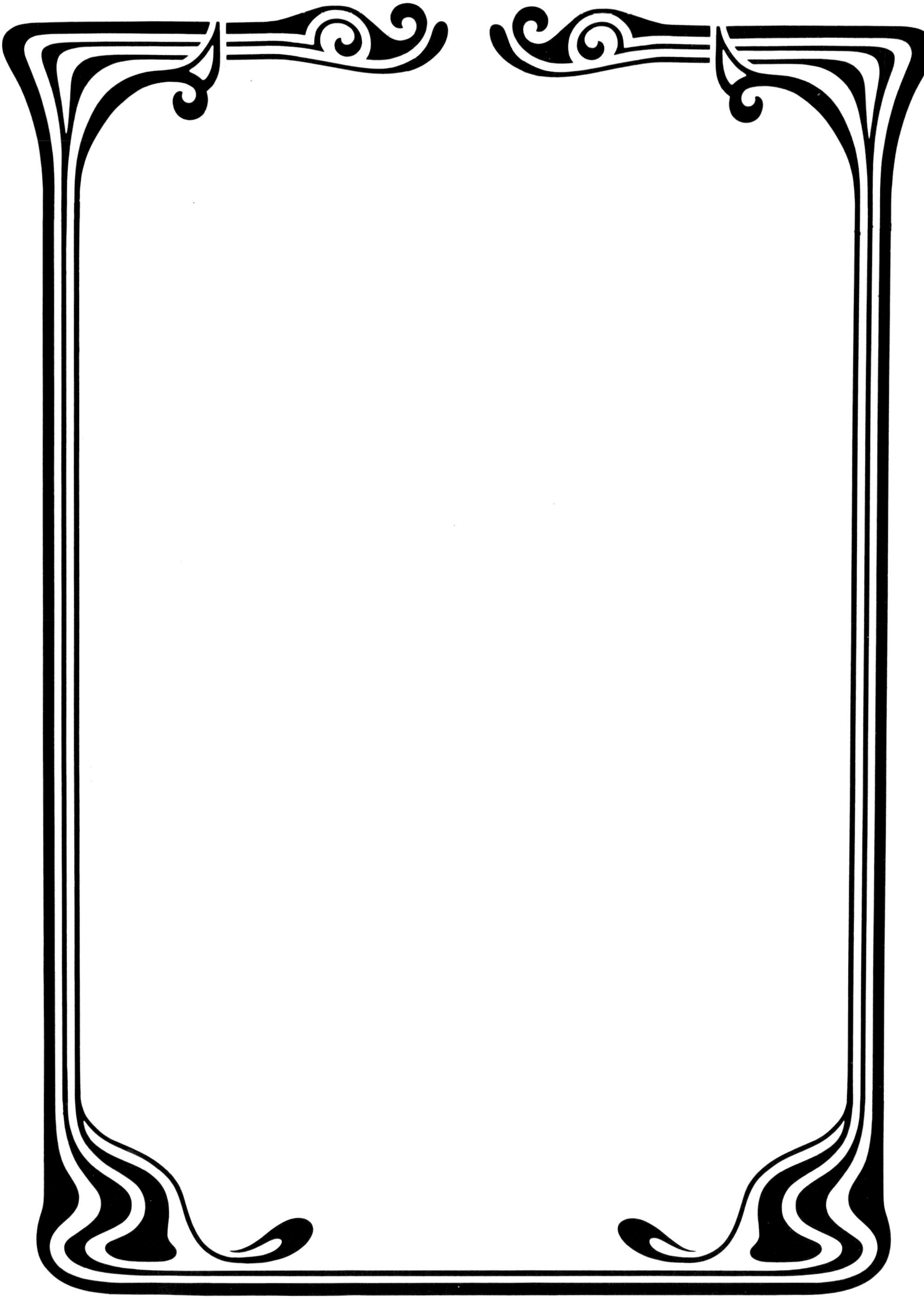

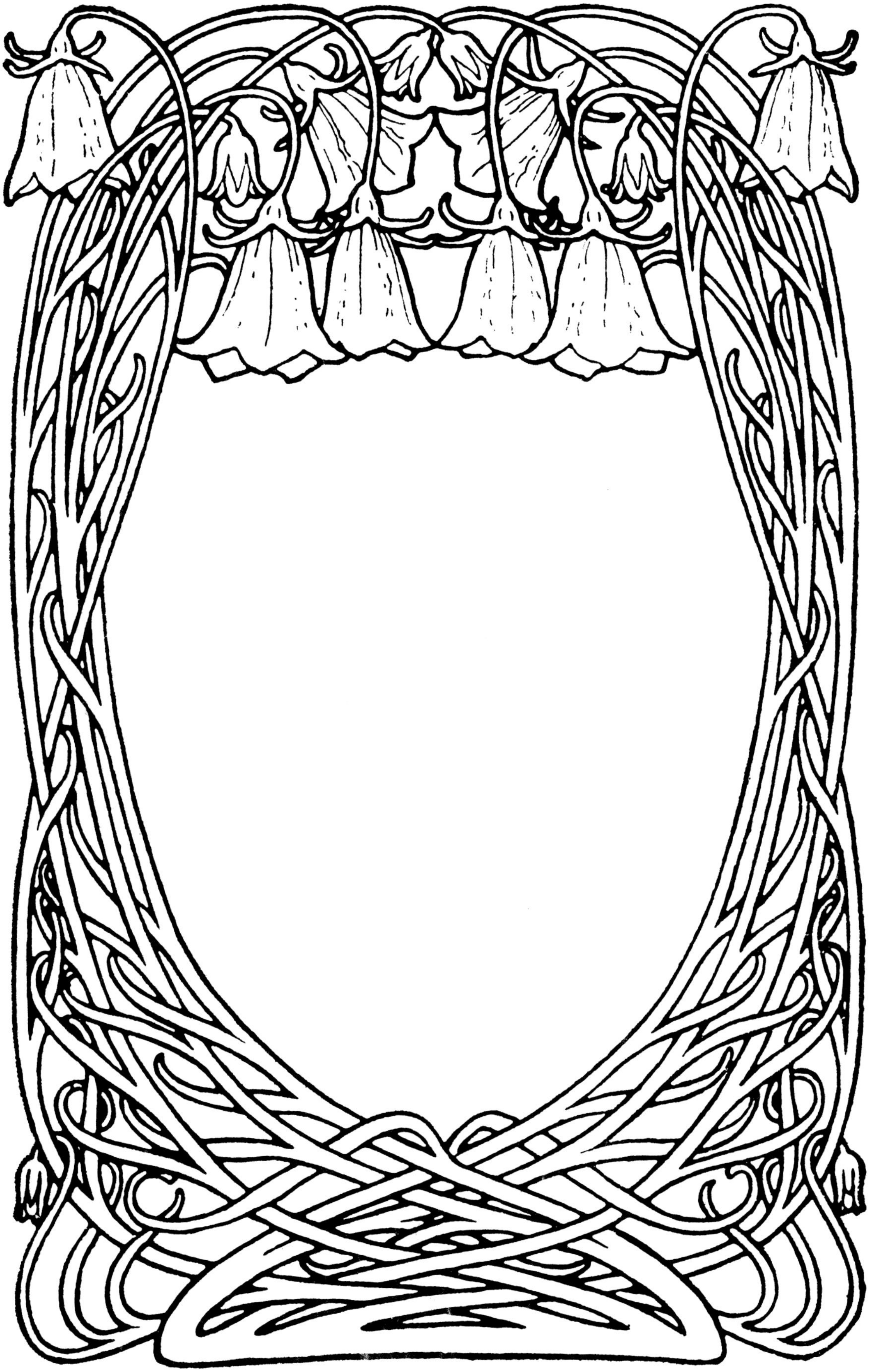

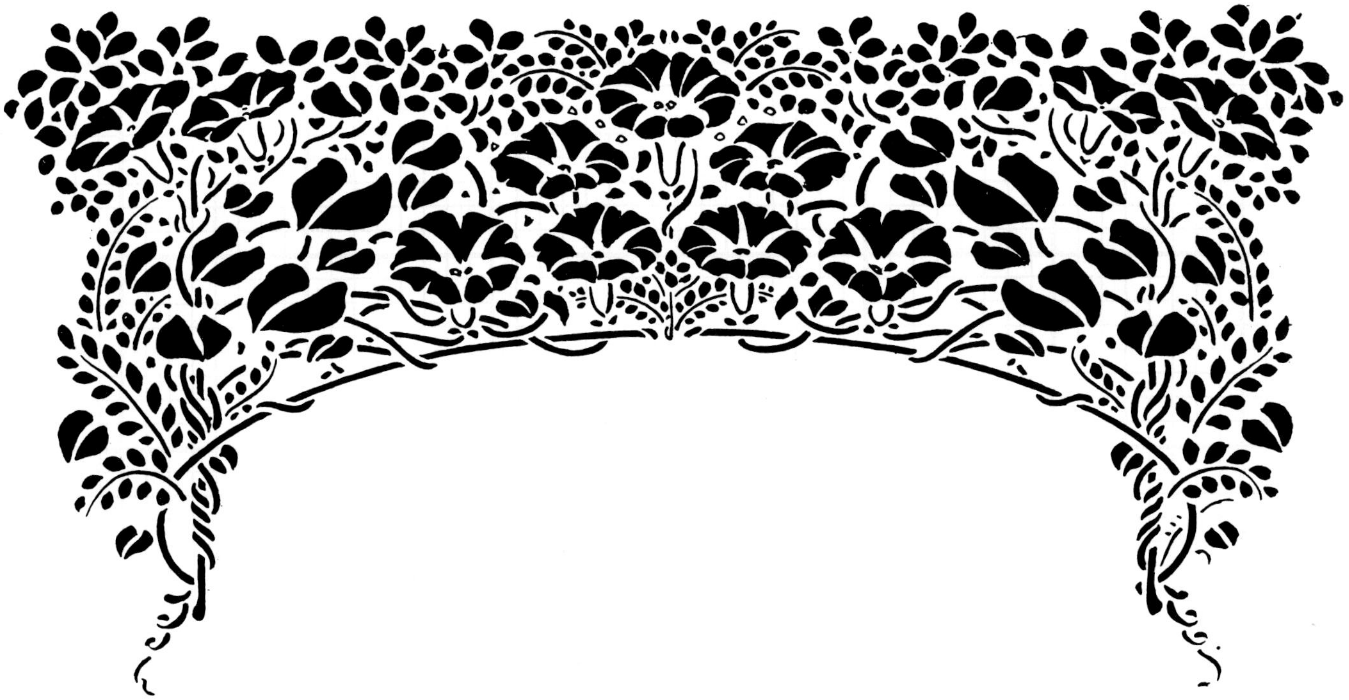

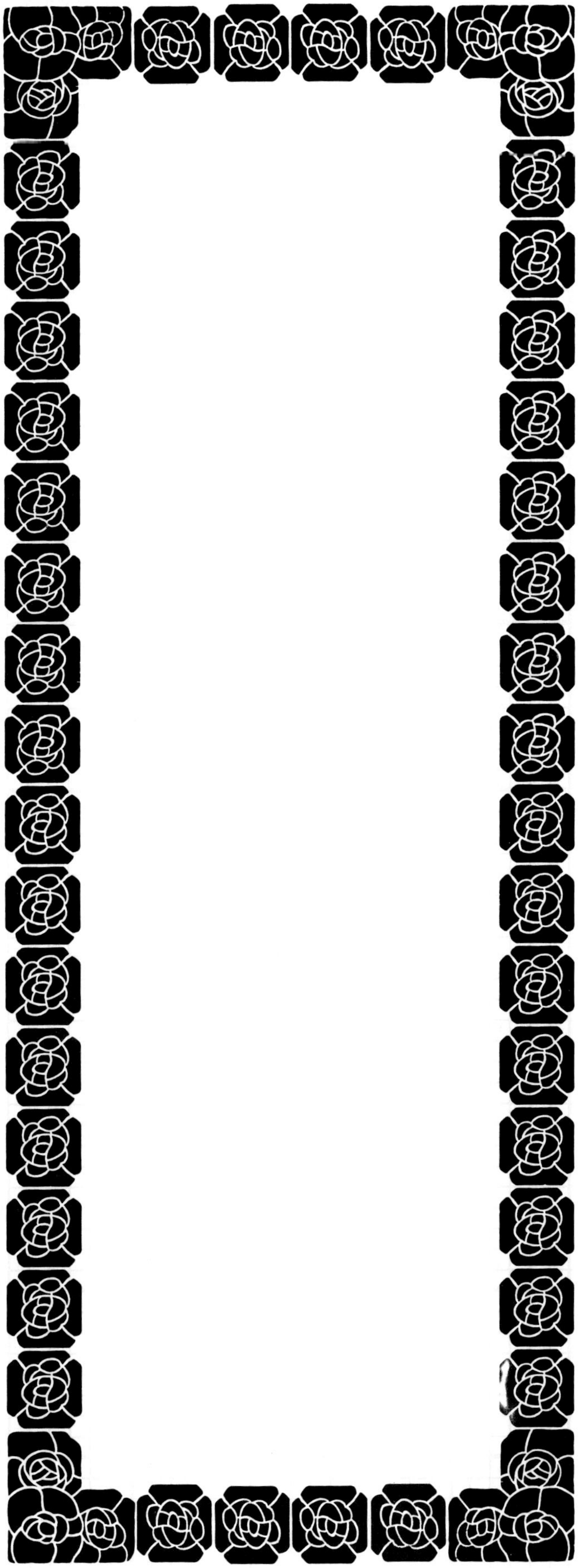

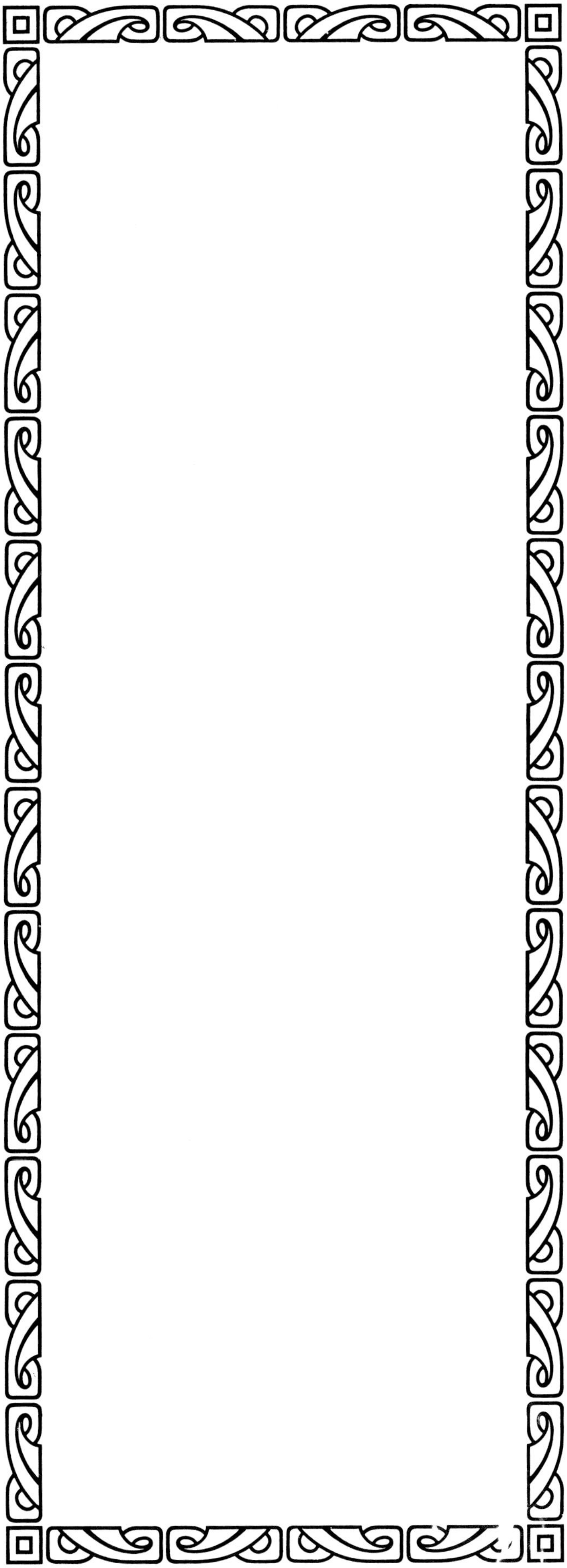